A. RYKOV

DIX ANNÉES DE LUTTE ET D'ÉDIFICATION

Rapport au Congrès International des Amis de l'Union Soviétique

BUREAU D'ÉDITIONS
DE DIFFUSION & DE PUBLICITÉ
132, Faubourg Saint-Denis
Paris (X^e)

Prix : 2 fr. 50

Dix années de lutte et d'édification

A. RYKOV

DIX ANNÉES
DE LUTTE ET D'ÉDIFICATION

Rapport au Congrès International des Amis de l'Union Soviétique

BUREAU D'ÉDITIONS
DE DIFFUSION & DE PUBLICITÉ
132, Faubourg Saint-Denis
Paris (X^e)

AVANT-PROPOS

Le Congrès des Amis de l'Union soviétique dans la presse bourgeoise et social-démocrate

La presse bourgeoise et social-démocrate de tous les pays a fait sur le congrès des amis de l'Union soviétique un silence de mort. Son attitude en l'occurrence correspond entièrement à celle qu'elle a eue à l'égard des fêtes d'Octobre. Lors du jubilé de l'Union soviétique, la presse bourgeoise et social-démocrate s'est livrée à une espèce de glorification de la révolution russe, affaire purement nationale. On a négligé consciemment les rapports de la révolution prolétarienne de 1917 avec les événements de la politique mondiale, et en particulier avec la lutte de classe du prolétariat international.

Quand, il y a dix ans, on parlait de ce qui venait de se passer, on disait que la prise du pouvoir par la classe ouvrière russe, la dictature du prolétariat n'étaient que des épisodes sur lesquels l'histoire aurait vite fait de prononcer son verdict. Mais, aujourd'hui la tâche la plus importante de la presse bourgeoise et de ses auxiliaires, c'est de cacher la signification présente et future de la dictature prolétarienne pour la lutte de classe du prolé-

tariat, pour la destruction de l'ordre bourgeois et pour l'établissement de cette dictature dans tous les autres pays. C'est pourquoi l'attitude de la presse à l'égard du congrès des amis de l'Union soviétique n'a pas été quelque chose d'inattendu.

Pour la presse bourgeoise et social-démocrate, le simple fait que le congrès ait pu se tenir présentait un danger, que le mieux était de cacher en faisant le silence absolu. Sinon, la presse aurait été obligée de reconnaître que l'intérêt de la classe ouvrière internationale pour l'Union soviétique n'a pas diminué ; qu'au contraire, malgré l'attitude hostile des « chefs ouvriers » social-démocrates, la classe ouvrière internationale prend de plus en plus, à l'égard de l'Union soviétique, la position qui lui est dictée par la lutte de classe qu'elle est obligée de soutenir contre ses propres exploiteurs.

A un moment où les nuages d'une nouvelle guerre mondiale s'amoncellent à l'horizon, la classe ouvrière de tous les pays reconnaît de plus en plus que l'existence de la dictature prolétarienne en Russie n'intéresse pas uniquement la classe ouvrière russe, que l'Etat soviétique est d'une importance décisive pour la victoire définitive de la classe ouvrière internationale. Il y a là deux classes, deux mondes. Le monde de l'avenir livre au monde du passé une bataille sans merci. L'expression la plus vive de cette lutte, c'est le danger de guerre qui menace l'Union soviétique de la part des puissances impérialistes.

Le congrès des amis de l'Union soviétique a siégé. La presse bourgeoise et social-démocrate pense qu'il lui suffit d'observer un silence de mort sur cette expression de la transformation qui s'opère dans la classe ouvrière internationale.

Le congrès a reconnu les formidables changements sociaux qui sont l'expression de la Russie nouvelle. Il a constaté, d'autre part, que les impérialistes de tous les pays veulent à tout prix détruire ce nouvel ordre social. La presse bourgeoise et social-démocrate peut garder le silence sur le congrès. Il aura malgré tout ses répercussions sur le monde entier et il resserrera davantage encore l'alliance entre la classe ouvrière internationale et l'Union soviétique, pour la lutte contre le monde bourgeois et sa destruction.

NOTICE PRÉLIMINAIRE

Le 10 novembre 1927, s'est ouvert à Moscou le congrès des « Amis de l'Union soviétique », venus dans ce pays pour participer à la célébration du dixième anniversaire de la première République prolétarienne.

A ce congrès, participèrent plus de 950 délégués des ouvriers et paysans d'Europe et d'Amérique et des peuples opprimés des colonies et des demi-colonies. Ce fut une grande démonstration de la fraternité des travailleurs du monde entier unis pour la lutte contre l'impérialisme et ses valets, contre les guerres impérialistes et pour le triomphe mondial de la révolution prolétarienne.

Deux sujets étaient à l'ordre du jour : tout d'abord, les résultats obtenus par le pouvoir soviétique durant ses dix années d'existence ; en second lieu, la lutte contre la guerre. Le premier sujet fut traité par le président du Conseil des Commissaires du Peuple de l'U.R.S.S., le deuxième par des représentants de l'Angleterre, de la France et de l'U.R.S.S.

Quel exemple significatif et sans précédent que ce rapport fait par le gouvernement soviétique devant une assemblée internationale d'ouvriers, de paysans et de représentants des peuples opprimés !

« Le gouvernement de l'Union soviétique s'estime responsable, non seulement devant les ouvriers et les paysans de l'U.R.S.S. qui l'ont élu, mais aussi devant tous ceux qui se donnent pour tâche la lutte pour la paix, pour le socialisme, pour l'abolition de l'exploitation de l'homme par l'homme, pour l'anéantissement du joug et de la violence de certains pays sur d'autres. Nous pensons que l'accomplissement de cette tâche qui se pose devant toute l'humanité ne peut être réalisé par les seules forces de notre Etat. » Voilà ce qu'a déclaré, au début de son discours, publié dans cette brochure, le camarade Rykov, expliquant ainsi la signification de son compte rendu.

Le camarade Rykov a parlé de ce qui a été fait, de ce qui se fait et de ce que l'on se propose de faire encore pour créer, sur une partie du globe, par les bras et l'esprit d'une partie de l'humanité, avec le soutien de tous les amis du socialisme, la base économique et culturelle du régime socialiste. C'est pourquoi tout travailleur honnête, tout ami véritable de la paix doit considérer ce rapport comme le rapport de *son* gouvernement, du gouvernement qui soutient sa cause. C'est ainsi seulement que l'on peut comprendre et apprécier à sa juste valeur le fait même de la présentation de ce rapport.

Le congrès a écouté avec la plus grande attention le rapport du gouvernement de l'U.R.S.S. et examiné sous toutes ses faces l'expérience de ces dix années. Le rapport a été discuté par des communistes convaincus, des sans-parti et des réformistes. Aux débats ont participé une trentaine d'orateurs, délégués de différents pays et organisations et appartenant à différentes tendances politiques. Néanmoins tous se sont accordés pour condamner, dans une résolution commune, la politique de la social-démocratie et ses calomnies contre l'U.R.S.S. et pour approuver la dictature du prolétariat et la réalisation du socialisme par les ouvriers et les paysans de l'Union soviétique. Si cette résolution a été adoptée à l'unanimité, c'est parce que, après avoir étudié sur place, avec attention, les efforts et les réalisations du gouvernement soviétique, ces personnes de différentes tendances et opinions se sont convaincues que l'U.R.S.S. seule réalisera leurs aspirations de paix, de fraternité, de collaboration et d'union internationale. C'est pourquoi (telle a été l'opinion de tous les délégués) il faut la défendre contre toutes les agressions politiques ou militaires de l'impérialisme.

Et le congrès s'est occupé de cette question lorsqu'il a examiné le deuxième point de l'ordre du jour : le danger de guerre. La résolution adoptée à ce sujet dit clairement où est le nœud de la paix, où et pourquoi on trame des aventures contre-révolutionnaires au détriment de la masse innombrable des exploités.

DIX ANNÉES DE LUTTE ET D'ÉDIFICATION

Rapport au Congrès international des Amis de l'Union soviétique

---

Camarades, permettez-moi, au nom du gouvernement, de saluer en votre personne tous les amis de l'Union soviétique. Le gouvernement de l'Union est très heureux de l'arrivée de camarades de l'étranger à notre fête du 10e anniversaire de l'insurrection d'Octobre. Le gouvernement de l'Union des républiques socialistes soviétiques se met à votre disposition pour faire un rapport au présent congrès. Mon rapport n'est pas seulement un acte d'amabilité envers les camarades étrangers. Il est une preuve que le pouvoir soviétique n'accomplit pas seulement une œuvre nationale, mais la cause internationale de tous les travailleurs. Il est douteux qu'on puisse trouver dans l'histoire l'exemple d'une telle assemblée, où le gouvernement d'un grand pays se croirait obligé de rendre des comptes devant les représentants étrangers et où les camarades venus de l'étranger se sentiraient le droit moral d'exiger ce rapport du gouvernement.

Le gouvernement de l'Union soviétique s'estime responsable, non seulement devant les ouvriers et les paysans de l'U.R.S.S. qui l'ont élu, mais aussi devant tous ceux qui se donnent pour tâche la lutte pour la paix, pour le socialisme, pour l'abolition de l'exploitation de l'homme par l'homme, pour l'anéantissement du joug et de la violence de certains pays sur d'autres. Nous pensons que l'accomplissement de cette tâche qui se pose devant toute l'humanité ne peut être réalisé par les seules forces de notre Etat et que tous ceux qui adoptent cette plate-forme doivent être moralement liés à nous par les liens puissants de la lutte commune pour le but final : le socialisme.

Avant de parler de la politique de gouvernement de l'Union, je voudrais attirer l'attention des camarades venus de l'étranger sur la façon d'étudier et de s'assimiler ce qui se passe sur le territoire de l'Union soviétique.

Les ouvriers et les paysans de l'Union jugent la politique du gouvernement, non pas en comparant la situation de notre peuple et de notre pays à celle des ouvriers et paysans américains, par exemple, mais en comparant à ce qu'il y avait sous le tsarisme et qu'on a maintenant après la révolution d'Octobre.

L'étranger, qui ne connaît pas la Russie tsariste, est au contraire enclin à juger tout ce qu'il observe chez nous du point de vue de la comparaison avec l'Europe occidentale et l'Amérique, en perdant de vue le lourd héritage que la classe ouvrière a reçu après Octobre du vieux régime tsariste et bourgeois.

Dans mon discours, je m'efforce autant que possible d'éviter des chiffres détaillés illustrant la politique des Soviets. Un groupe de camarades a été chargé par moi d'élaborer un court recueil de chiffres complétant mon rapport. On m'annonce que tous les membres du Congrès ont en outre reçu d'autres documents, des brochures, des discours, etc., dont ils peuvent se servir pour s'informer.

C'est pourquoi je me bornerai à exposer les principes de la politique de notre gouvernement. Je demande à tous les camarades de prendre en considération deux faits, d'une importance cardinale, pour juger les résultats de nos efforts au moment du 10ᵉ anniversaire. Tout d'abord le fait que la Russie tsariste d'avant-guerre était un des pays les plus arriérés de l'Europe ; ensuite, le fait que notre œuvre créatrice a commencé non pas en 1917, mais en 1921, après trois années de guerre civile, dévastatrice, d'intervention et de blocus qui étaient venus s'ajouter à plus de trois années de guerre impérialiste. Le pays était alors entièrement désorganisé au point de vue économique : la production industrielle était tombée à 20 % et la production agricole à 52 % de celles d'avant-guerre.

Les conditions fondamentales qui ont prédéterminé toute la tendance et tout le caractère de notre travail d'édification c'est, d'une part, l'organisation du nouvel Etat ; la dictature du prolétariat s'appuyant sur l'alliance avec les paysans et employant les méthodes de coercition pour écraser la résistance des classes ennemies (c'est-à-dire les propriétaires féodaux et les capitalistes); d'autre part, la nationalisation de la grande industrie, des transports, du crédit, le monopole du commerce extérieur et la nationalisation de la terre. Ces deux faits, évidemment, donnent à toute notre politique un caractère absolument différent de celui qu'on avait pu constater dans la politique d'un pays quelconque avant la révolution d'Octobre. Ces conditions économiques et politiques garantissent une grande envergure à l'édification, un développement rapide de toute l'économie et un accroissement irrésistible du niveau de vie des grandes masses laborieuses.

Par suite, notre pays a la possibilité d'avancer à une allure beaucoup plus rapide qu'il ne serait possible en régime capitaliste. La raison en est : premièrement, qu'en supprimant la propriété individuelle du sol et des moyens de production, on supprime la consommation improductrice des classes parasitaires ; deuxièmement, la nationalisation de la terre, des principaux moyens de production, des transports, du système de crédit, permet de remplacer le système de gestion capitaliste, dissipateur, anarchique, inorganisé, par un système de gestion basé sur un plan, grâce auquel le développement économique se fait d'après un plan unique et dans l'intérêt de l'économie tout entière. Cette possibilité de gestion d'après un plan garantit le maintien et le renforcement de l'alliance des deux classes décisives de notre pays : la classe ouvrière et les paysans, vu que dans notre plan on tient compte de la nécessité d'accorder l'intérêt de la ville et de la campagne, l'intérêt de l'industrie et de l'agriculture, de façon à assurer au régime instauré après Octobre l'appui des grandes masses ouvrières et paysannes.

Il ne s'ensuit pas que l'établissement du plan et sa réalisation soient une tâche simple et facile.

Pourtant, malgré les gigantesques difficultés objectives de la gestion de l'économie nationale d'après un plan, nous avons fait de grands progrès en ce sens. Faisant jouer ce qu'il est convenu d'appeler les « leviers de commande » : grande industrie d'Etat, transports, système de crédit, monopole du commerce extérieur, nous avons, de plus en plus, chaque année la possibilité d'agir d'une façon systématique et consciente sur les parties de l'économie qui ne sont pas entre les mains de l'Etat prolétarien.

Je n'ai pas l'intention de cacher à ce congrès que jusqu'à présent nous éprouvons certaines difficultés dans le domaine de la gestion d'après un plan. Ces difficultés découlent : premièrement, de l'influence des facteurs sporadiques dans le développement de l'agriculture, qui représente un conglomérat de 23 millions d'exploitations paysannes travaillant chacune pour soi; deuxièmement, de la présence de formes économiques variées (en commençant par l'économie paysanne naturelle et arriérée et en finissant par les associations industrielles d'un développement élevé); troisièmement, de l'imperfection de la statistique. Nous n'avons derrière nous que six années de travail économique pacifique, années marquées par un développement extrêmement rapide, mais aussi par une certaine instabilité des méthodes de gestion. Il ne faut pas oublier que nous édifions l'économie nouvelle dans un entourage qui n'est nullement intéressé à nos progrès, dans un entourage capitaliste. Il est d'autant plus difficile de tenir compte, dans notre plan, des différents facteurs découlant des rapports avec le marché étranger que ces rapports sont considérablement influencés par la politique.

Néanmoins, notre système de gestion méthodique de l'économie s'améliore d'année en année.

L'expérience des dernières années permet maintenant au gouvernement soviétique de proposer au prochain congrès des Soviets un plan quinquennal de développement pour l'ensemble de notre économie nationale. C'est d'autant plus nécessaire que la période de développement économique dans laquelle nous entrons nécessitera de grandes dépenses pour le rééquipement de notre économie sur une base technique plus perfectionnée et que les perspectives de cette période ne peuvent tenir dans un plan à court terme, dans un plan d'un an.

La ligne fondamentale de toute notre politique économique est l'industrialisation du pays. Ce serait commettre une grave erreur que de considérer le programme de l'industrialisation comme résultant du fait que la classe ouvrière profite de sa dictature pour écraser les intérêts de la population paysanne qui constitue dans notre pays la majorité. Le plan de l'industrialisation découle des intérêts de l'agriculture même. Le paysan ne peut améliorer son exploitation sans l'aide des fabriques et des usines : il a besoin d'outils, de machines, d'engrais, des produits de l'industrie en général. L'agriculture est maintenant devant la nécessité d'accroître son capital fondamental, ce qui ne peut se faire que par le développement de la grande industrie. C'est pourquoi le développement de l'industrie est le plus important facteur du développement de l'agriculture elle-même. La principale particularité de notre économie est la disproportion entre l'agriculture et l'industrie, entre la ville et le village.

Sous le tsarisme, l'industrie était très arriérée. La campagne était, à vrai dire, dans la situation d'une colonie. Cette disproportion se manifestait dans l'écart des prix des produits industres à venir à bout de cette disproportion. La technique moderne permet de supprimer graduelditions de vie de la campagne et de la ville.

L'édification du socialisme consiste entre autres à venir à bout de cette disproportion. La technique moderne permet de supprimer graduellement la différence de situation de la population urbaine et de la population rurale. On peut y arriver par l'électrification du pays, par le rapprochement de l'industrie de transformation et de l'agriculture, par l'organisation d'un type mixte d'économie qui comprendrait à la fois la production usinière et la production agricole.

L'industrialisation est ainsi la principale méthode permettant de supprimer la disproportion entre l'agriculture et l'industrie et d'amener la population rurale au niveau culturel et matériel de la population urbaine.

Quelles sont les méthodes spéciales employées par le gouvernement soviétique pour réorganiser la vie rurale et édifier le nouveau régime économique ?

La politique rurale du parti et du pouvoir soviétique consiste à soutenir par tous les moyens l'alliance de la classe ouvrière avec la masse des paysans pauvres et moyens, qui représentent 95 % de la population rurale, en garantissant le plus possible, par des mesures spéciales, les intérêts des paysans pauvres.

En même temps, nous menons la lutte contre les koulaks, contre les paysans riches; nous comprenons dans cette catégorie les groupes de la population paysanne qui exploitent la main-d'œuvre salariée. Dans le domaine politique, nous combattons le danger de croissance des couches de koulaks dans les villages, du fait que nous privons ces couches du droit d'élire et d'être élues dans les organes soviétiques, dans les sociétés foncières, etc. Dans le domaine économique, nous les privons du crédit de l'Etat, nous donnons toutes sortes d'avantages aux couches pauvres et moyennes de la population en ce qui concerne les crédits, le remembrement, et nous les aidons matériellement.

La propriété privée sur le sol étant abolie, le koulak ne peut non seulement devenir un grand propriétaire, mais même un propriétaire foncier en général. Pour lui, le moyen d'asservir les autres couches paysannes n'est pas la terre, mais les instruments de culture. Le parti porte à l'heure actuelle toute son attention sur la lutte contre l'exploitation possible des autres couches paysannes par le koulak.

Le principal moyen d'édification du nouveau régime économique dans les campagnes est la coopération. Ce serait une folie de vouloir nous engager dans la voie de l'organisation de la grande production agricole par l'aliénation directe des terres des paysans et par l'organisation à leur place de grandes fabriques de céréales. La voie choisie par le parti et le pouvoir soviétique est celle de la transformation progressive de la petite production au moyen de la coopération. La coopération dans le commerce a déjà donné de grands résultats. Plus des quatre cinquièmes du commerce sont entre les mains de l'Etat et de la coopération. Mais l'organisation de la production agricole même, de la culture, de l'élevage sur de nouvelles bases doit être menée et est menée en grande partie par la coopération. Nous ne faisons à l'heure actuelle que les premiers pas dans ce domaine. Personne de nous ne doute que cette tâche ne soit extrêmement difficile et qu'il faille de nombreuses années d'un travail intense pour en venir à bout.

Par le moyen des syndicats et des organes du pouvoir soviétique, nous prenons des mesures pour protéger les intérêts des ouvriers agricoles, aussi bien en ce qui concerne les salaires qu'en ce qui concerne la journée de travail, la protection du travail, l'assurance.

Quelles conclusions doit-on tirer des résultats de notre activité économique, dont les chiffres sont donnés dans les matériaux distribués aux membres du congrès ? Les principales conclusions, me semble-t-il, sont que : 1° pendant les six années écoulées de travail d'édification du gouvernement, le niveau culturel et le bien-être matériel des masses ont considérablement augmenté ; 2° grâce à ce travail, au moment du 10° anniversaire d'Octobre, le rôle du capital privé et celui de l'économie collective se trouvent, l'un diminué, l'autre renforcé, à tel point que nous avons toutes garanties de succès en ce qui concerne la transformation socialiste de notre économie.

Pour compléter ce que je viens de dire sur la situation économique de l'Union et la politique économique du gouvernement, je juge indispensable de faire une petite remarque sur la journée de 7 heures. Dans les correspondances de la presse bourgeoise, on déclare que la décision du Comité exécutif central sur la journée de 7 heures ne poursuit que des buts d'agitation et que le gouvernement soviétique ne pourra probablement pas l'appliquer. Je déclare catégoriquement : 1° que nous garantissons l'exécution de cette décision ; 2° que, dans les pays où le pouvoir appartient à la classe ouvrière, il n'est pas possible de ne pas appliquer une telle décision, car les ouvriers ne l'admettraient pas; 3° que la journée de 7 heures découle de toute la politique du pouvoir ouvrier. Il est à noter, en outre, que l'économie de l'U.R.S.S., quoique plus fortement atteinte que celle des autres Etats, a été reconstituée avec l'application effective de la journée de 8 heures (la durée moyenne n'est même que de 7 h. ½ dans l'ensemble) — ce qui n'a pas été le cas dans les autres pays.

Ces deux dernières années, notre économie est entrée dans la phase de reconstruction et de rationalisation. Dans l'économie bourgeoise, ce processus est lié au renforcement de l'exploitation de la classe ouvrière. En régime soviétique, il doit être lié à l'amélioration de la situation de la classe ouvrière, et il le sera. Cette mesure ne sera pas appliquée, par le gouvernement de l'Union, aux dépens des salaires. Dans notre Etat prolétarien, l'augmentation des salaires et la rationalisation de l'industrie vont de pair.

*
* *

La question de la dictature du prolétariat et du caractère de l'Etat soviétique suscite à l'étranger d'ardentes discussions.

Les tâches du pouvoir soviétique, naturellement, sont déterminées par le programme du parti communiste et ont, par conséquent, un caractère prolétarien, révolutionnaire, communiste, qui n'est contesté par personne. Pour les camarades venus de l'étranger, il est intéressant de savoir de façon précise qui gère l'Etat soviétique. Je cite les chiffres les plus importants pour répondre à cette question. Sur 827 membres du Comité Exécutif Central, organe législatif suprême, les ouvriers représentent 43,6 %, les paysans 21,3 %, les intellectuels, les artisans, les employés (y compris les employés de commerce) et les autres catégories, 35,1 %. Sur les 71.325 membres des soviets urbains de cinq républiques fédérées (elles sont six en tout), les ouvriers sont dans la proportion de 46,6 %, les paysans de 4,9 %, les intellectuels et employés, de 31 %, le reste de la population : soldats, étudiants, ménagères et artisans, de 17,7 %. Dans les soviets ruraux : ouvriers 5,2 %, paysans 87,4 %, employés 5,8 %, soldats 1,6 %. Tels sont les principaux chiffres sur la composition de notre organe suprême de gouvernement et des soviets locaux.

La gestion de l'industrie est caractérisée par le fait que 74,8 % des directeurs de fabriques et d'usines sont des ouvriers. Parmi les dirigeants des organes supérieurs de l'industrie, c'est-à-dire les syndicats d'industrie, les trusts et autres associations, les ouvriers sont plus de 50 %. La justice, les tribunaux sont aussi aux mains des travailleurs. Il y a 34,4 % d'ouvriers et 37 % de paysans parmi les juges permanents. La participation plus grande des paysans aux organes judiciaires s'explique par le fait que la plupart des tribunaux fonctionnent dans les localités rurales.

Je n'ai cité que quelques données pour montrer qui gère notre Etat. Ces exemples sont loin de montrer toute l'ampleur du concours des ouvriers et des paysans à la direction et à la gestion de l'Etat et de l'économie. Par les méthodes les plus variées, les travailleurs prennent part au fonctionnement quotidien des organes les plus divers de l'Etat. C'est ainsi que, d'après les informations du Soviet de Moscou, au début de l'année courante, il y avait 30.000 ouvriers et ouvrières qui prenaient part au travail des organes de la Santé publique de Moscou ; au cours de l'année, ce nombre est monté à 36.000. Cette participation des ouvriers, des ouvrières et des paysans a lieu non seulement dans le domaine de la Santé publique, mais dans tous les domaines, particulièrement dans le travail économique sur tout le territoire de l'Union. Le parti, le syndicat et les organisations économiques prennent surtout des mesures énergiques pour attirer le plus grand nombre de travailleurs possible à l'activité des conférences de production dans les fabriques et les usines, dans l'organisation et le contrôle du commerce coopératif.

Nos organes locaux, les soviets de rayon, d'arrondissement, de ville ne fonctionnent pas seulement avec l'aide de leurs membres ; ils invitent, pour certaines campagnes et pour des fonctions spéciales, des ouvriers et des paysans spécialement élus dans les fabriques et dans les villages.

Notre gouvernement travaille sous la direction du parti communiste. Celui-ci compte, à l'heure actuelle, 1.199.616 adhérents, dont 56,3 % sont des ouvriers (ce nombre comprend les ouvriers qui sont maintenant à la tête de fabriques et d'usines et qui, pour cette raison, ont cessé de travailler à l'établi).

Le parti communiste, parti de la classe ouvrière, est le seul légal dans notre pays et, non seulement dans son programme, mais aussi par sa composition, assure le caractère prolétarien de toute la politique de notre Etat et de toute l'activité des organes du gouvernement soviétique.

Dans la presse internationale, on oppose souvent la dictature de la classe ouvrière à la démocratie. Si, par démocratie, on entend le droit pour toutes les couches laborieuses de la population de prendre part à la gestion du pays, au travail de tous les organes économiques, administratifs, culturels et autres, je pense que dans l'histoire de l'humanité il n'y a pas eu d'exemple d'organisation étatique plus démocratique que celle de l'Union soviétique. D'après un calcul approximatif, sur 100 travailleurs, au moins 30 prennent part d'une façon ou d'une autre aux organes du pouvoir soviétique. La révolution d'Octobre elle-même, dont nous fêtons le 10e anniversaire, est l'expression la plus élevée de la démocratie, car la révolution a été accomplie par les forces des classes les plus opprimées et les moins instruites, contre toutes les classes riches, contre les propriétaires et une partie importante des intellectuels. Cette révolution n'a pu avoir lieu que parce que toutes les couches opprimées de la population, parce que des dizaines de millions de travailleurs y ont pris part. Si des groupes importants de travailleurs avaient été contre la révolution d'Octobre, celle-ci n'aurait pu avoir lieu.

Les partisans de la IIe Internationale opposent aussi la « démocratie » et la dictature de la classe ouvrière, ils reprochent au gouvernement soviétique et au parti communiste leur ciritique incessante des partis de la IIe Internationale. Pour comprendre les causes de notre attitude envers ces partis et envers leur idéologie, il faut avoir une idée nette des circonstances dans lesquelles s'est déroulée la révolution d'Octobre et de l'attitude des partis de la IIe Internationale envers la dictature de la classe ouvrière, envers la dictature des travailleurs pendant les journées d'Octobre, après Octobre et à l'heure actuelle. En Octobre, le pouvoir était détenu par le gouvernement des socialistes-révolutionnaires et des social-démocrates menchéviks, c'est-à-dire par le gouvernement des partis affiliés à la IIe internationale. La révolution d'Octobre a été une insurrection armée des masses ouvrières contre le gouvernement de ces partis de la IIe Internationale.

La lutte contre les partis de la IIe Internationale ne s'est pas limitée au seul acte de l'insurrection d'Octobre, Plusieurs années de guerre civile pour défendre la révolution d'Octobre se sont écoulées non seulement dans la lutte contre la bourgeoisie, les gardes-blancs et l'intervention étrangère, mais aussi contre les partis socialiste-révolutionnaire et menchéviste. Pendant la guerre civile, les socialistes-révolutionnaires et les menchéviks ont tenté, par une lutte armée contre nous, d'opposer au gouvernement des Soviets d'autres gouvernements qui s'efforçaient d'organiser ou de soutenir la bourgeoisie dans les territoires dont elle s'était emparée. Par exemple, on peut citer la tentative de réunir les membres de la Constituante à Samara et à Oufa sous la protection des troupes bourgeoises et blanches. Les organisations des menchéviks et différents membres du parti menchéviste ont pris part à l'activité des gouvernements contre-révolutionnaires du Sud qui étaient en état de guerre avec la République des Soviets. Ce sont des faits qu'on ne peut pas effacer de l'histoire ; c'est pourquoi les camarades de l'étranger doivent en tenir compte pour juger notre attitude envers ces partis, qui, pendant 10 ans, ont été du côté de la contre-révolution. Jusqu'à présent, on se plaint que certains membres actifs des partis affiliés à la IIe Internationale soient en butte à des répressions dans notre pays. Je prierai les délégués de répondre à une seule question : si le renversement du gouvernement de la IIe Internationale a été possible, si la révolution d'Octobre s'est produite contre ces partis, si les membres de ces partis continuent une lutte active contre le régime soviétique, pourquoi ne peut-on, dans un but de légitime défense, employer à leur égard des mesures répressives et pour quelles considérations révolutionnaires faut-il leur accorder la légalité ? Ils ont été d'un côté de la barricade et nous de l'autre. Ils ont tiré sur nous, nous avons tiré sur eux. Il en a été ainsi en Octobre et pendant toute la période de guerre civile qui a suivi la révolution d'Octobre. Je pense que lorsqu'il se produira une « révolution d'Octobre » dans un autre pays cette situation se répétera probablement.

A la fin de la guerre civile, les représentants de ces partis ont gardé leur attitude hostile envers la dictature du prolétariat et le système actuel de l'Etat soviétique. De la lutte directe par les armes contre les soviets pendant la guerre civile, ils sont passés à la préparation du renversement de la dictature de la classe ouvrière.

La République des Soviets est la seule république au monde où la classe ouvrière, alliée aux paysans, soit au pouvoir.

Mais l'organisation de la société socialiste sur le territoire de l'Union n'en est qu'à ses débuts. Les tendances de restauration du régime bourgeois et de la propriété ont encore des partisans, aussi bien parmi les éléments capitalistes d'avant-Octobre que parmi la nouvelle bourgeoisie, les nepmans, les koulaks. Ces couches de la population sont les exécuteurs de la politique du capital international à l'intérieur de l'Union. Ce n'est pas seulement exact au point de vue de l'identité générale de leurs intérêts. mais, fait parfaitement constaté, pendant ces dix ans, les groupes bourgeois actifs sur le territoire de l'Union ont reçu des différents groupes de la bourgeoisie internationale un appui direct, se manifestant par des subsides, par des conseils et par une aide morale. Dans la mesure où il continue d'en être ainsi, nous sommes obligés de recourir à la répression pour défendre la dictature de la classe ouvrière.

Quelques partis bourgeois et ouvriers-bourgeois expriment leur mécontentement de la récente exécution de gardes-blancs, et, en général, des mesures répressives auxquelles nous sommes obligés de recourir. Mais je voudrais que les représentants de ces partis démocratiques bourgeois et de ces partis ouvriers-bourgeois (je ne pense pas qu'il y ait beaucoup d'ouvriers qui voudraient sauver la bourgeoisie de la prison), comprennent que la dictature du prolétariat consiste précisément à appliquer la violence à l'égard des couches de la population hostiles à la classe ouvrière et que, dans une période de transition vers la société socialiste, surtout quand on édifie le socialisme dans un encerclement capitaliste hostile, l'application des mesures de violence est inévitable.

La République des Soviets existe depuis dix ans, alors que le reste du monde est sous la dictature bourgeoise capitaliste. Supposons le contraire : le pouvoir de la classe ouvrière, le pouvoir soviétique, est instauré dans tous les pays du monde, mais dans un pays quelconque, la France ou l'Allemagne, par exemple, subsiste le régime capitaliste. Que nos braves démocrates veuillent bien me dire, premièrement, combien de temps pourrait se maintenir dans ce pays unique le régime bourgeois, et, secondement, par quelles mesures la bourgeoisie maintiendrait dans ses conditions son régime. Il me semble que, dans une telle situation, le régime bourgeois dans ce pays ne pourrait exister que quelques mois, pendant lesquels il se maintiendrait par une violence bien plus grande envers la classe ouvrière et les paysans que celle que nous appliquons envers la bourgeoisie en Union soviétique. Je ne parlerai même pas des protestations hypocrites et mensongères de la presse bourgeoise à propos de nos mesures répressives, car il n'est pas douteux que, si par impossible, la restauration du régime bourgeois se produisait dans l'Union soviétique, ces journaux, non seulement applaudiraient à l'exécution en masse des partisans du régime soviétique, mais provoqueraient l'application des formes les plus féroces de la terreur de masse envers la classe ouvrière et la masse paysanne. Il suffit de rappeler ce qu'a fait la bourgeoisie avec les partisans de la Commune de Paris et quelle a été l'attitude de la presse bourgeoise envers l'exécution en masse des communards de Paris à cette époque.

La raison principale du fait que le pouvoir des travailleurs existe dans un seul pays depuis dix ans déjà, est que la République des Soviets constitue le type le plus progressif de l'organisation future de toute la société humaine. C'est là la cause de la solidité de la République des Soviets, malgré l'encerclement hostile des pays capitalistes. Les forces de l'impérialisme des autres Etats s'efforcent d'entrer en rapport direct et d'établir une alliance avec les classes et les couches de notre pays qui voudraient bien tenter de restaurer le régime bourgeois. Tout cela nous oblige à recourir à des mesures de répression pour défendre la dictature de la classe ouvrière et pour assurer aux couches laborieuses de la population la démocratie prolétarienne et la possibilité d'édifier la société socialiste. Certes, la terreur comme principe de gouvernement n'entre nullement dans notre programme; elle constitue l'expression extrême de la répression. On a recours à la terreur et, naturellement, on y recourra encore dans les cas extrêmes, lorsqu'il sera nécessaire de parer à une menace grave dirigée contre l'existence même de la dictature de la classe ouvrière, ou d'arrêter des attaques directes contre les organes les plus importants du pouvoir soviétique.

Dans le domaine de la politique nationale, ainsi que dans d'autres questions, notre position, au point de vue de principe, est exposée avec netteté par Lénine. Je citerai seulement ses paroles suivantes : « Le parti prolétarien s'efforce de créer un Etat aussi puissant que possible, car cela est plus avantageux aux travailleurs. Il s'efforce de rapprocher et de fusionner davantage les nations, mais il veut atteindre ce but, non par la violence, mais exclusivement par l'alliance libre et fraternelle des ouvriers et des masses laborieuses de toutes les nations ».

Dans la Déclaration des droits des travailleurs, adoptée en 1917, il est dit : « La République soviétique russe est constituée sur la base de l'alliance libre de nations libres, comme une Fédération des Républiques soviétiques nationales ».

Actuellement, notre Etat constitue une fédération de 6 Républiques nationales indépendantes. Bien plus, dans chaque Republique, il y a des minorités nationales. Afin d'assurer le plus possible le développement culturel et économique des Républiques indépendantes, on a créé 14 Républiques autonomes et 17 régions autonomes. Ce système des régions nationales autonomes, des Républiques autonomes et des Républiques indépendantes, établi par notre constitution, assure la défense des intérêts des multiples nationalités peuplant le territoire de notre Union.

Mais, les droits constitutionnels seuls ne suffisent pas à assurer le développement national libre. Sous le régime tsariste, les minorités nationales étaient traitées d'une façon qui rappelle les pires traitements infligés par les Etats de l'Europe occidentale à leurs colonies opprimées. Il est donc tout à fait naturel que plusieurs nationalités de l'U.R.S.S. soient très en retard au point de vue culturel et économique. Actuellement, un travail considérable est effectué pour le relèvement de ces nationalités. Afin de caractériser ce travail, je ne citerai que quelques exemples. Je ne parlerai que d'une République des plus arriérées, de la République des Ouzbeks, qui compte en tout près de 4 millions d'habitants. En 1923, on y trouvait, au total, 53 institutions d'enseignement pour femmes ; en 1927, il y en avait déjà 276. Le nombre des femmes qui y étudiaient était de 1.394 en 1923 et de 13.200 en 1927. Je vous ai cité exprès un exemple du mouvement des femmes, car, en Orient, les femmes sont plus opprimées que toutes les autres couches de la population ; c'est là l'héritage spécifique de plusieurs siècles de despotisme oriental, et jusqu'à présent la femme y est encore dans un état de demi-servitude. Avant le pouvoir des Soviets, la polygamie et les méthodes les plus sauvages d'oppression de la femme régnaient en maîtres.

La question nationale, telle qu'on l'entend dans les pays européens, c'est-à-dire comme question d'oppression et d'asservissement d'une nation par une autre, n'existe plus actuellement dans la République des Soviets. Mais il existe une autre question, celle de créer une égalité réelle entre des nations qui se trouvent à des degrés divers de développement économique et culturel. La solution de cette question ne dépend pas seulement des lois constitutionnelles. Des traditions d'oppression séculaire, de violence et de vexations pèsent encore tellement sur de nombreuses nationalités qui peuplent l'Union soviétique que, malgré tous nos efforts, nous n'avons pas encore pu guérir, durant les dernières dix années, les blessures qui leur ont été portées autrefois.

Je n'énumérerai pas ici toutes les mesures que nous avons prises pour assurer le libre développement culturel des diverses nationalités peuplant notre Union. Je citerai seulement quelques exemples. Actuellement, dans les écoles primaires l'enseignement se fait en 62 langues ; dans les écoles techniques, c'est-à-dire dans les écoles spéciales de second degré, l'enseignement se fait en 39 langues ; les isbas-salles de lecture, foyers culturels les plus proches du peuple, ont de la littérature en 52 langues. Du temps du tsarisme, plusieurs nationalités n'avaient même pas leur alphabet. Actuellement, toutes les nationalités ont un alphabet et apprennent à lire et à écrire. D'autre part, on a simplifié l'alphabet et la grammaire pour plusieurs d'entre elles, ce qui a rendu leur littérature plus accessible aux larges masses de la population.

***

Les questions de la politique extérieure de l'Etat soviétique sont exposées plus souvent que les autres dans les discours des représentants du gouvernement soviétique. Notre point de vue est donc assez connu à l'étranger. C'est pourquoi je n'exposerai que les conditions fondamentales de notre politique internationale. Comme je l'ai déclaré à plusieurs reprises, ainsi que les autres représentants du gouvernement, et comme l'ont souligné maintes fois les décisions du parti communiste, notre politique étrangère tend essentiellement à assurer à notre Union la possibilité d'accomplir son œuvre d'édification pacifique.

Nous avons proposé à plusieurs reprises et nous proposons encore maintenant aux Etats étrangers de conclure avec nous des traités de neutralité. Nous avons de nouveau, tout récemment, confirmé cette proposition aux gouvernements de Pologne et de France, mais jusqu'à présent nous n'avons pas reçu de réponse satisfaisante.

Dans l'Europe occidentale, on propage de nombreuses légendes sur l'impérialisme rouge. J'ai déjà démenti à plusieurs reprises ces légendes, et je pense qu'à ce congrès je ne dois pas insister particulièrement pour prouver que les insinuations sur l'impérialisme rouge ne sont qu'un ignoble mensonge. Qui a besoin d'un tel mensonge ? Il me semble qu'*on le propage* pour préparer plus facilement l'opinion publique à une intervention très probable, à une guerre très possible contre l'Etat soviétique. C'est là une des phases de la préparation idéologique de la guerre contre la République des Soviets.

Les membres du congrès ont la possibilité de s'informer sur la composition de notre armée, sur le système de son organisation. Notre armée est tellement liée aux larges masses laborieuses qu'il est absolument impossible de la séparer du peuple ou de séparer le peuple de l'armée. Bien plus, l'armée constitue en quelque sorte une école d'éducation pour des couches très importantes de la population. Elle n'est nullement une organisation qu'on peut mettre en mouvement pour une aventure, indépendamment de l'opinion des ouvriers et des paysans. Nous sommes contre toute guerre. La révolution d'Octobre fut elle-même une rupture gigantesque du front impérialiste de guerre; elle fut un appel de tous les peuples à la paix. Les Soviets ont immédiatement rompu toute liaison avec la guerre impérialiste; ils ont immédiatement proclamé le mot d'ordre d'une paix réelle, authentique, démocratique ; ils ont immédiatement cessé toute participation au massacre impérialiste sanglant. Immédiatement après la révolution, le gouvernement des Soviets a publié tous les traités et tous les documents secrets ; il a rompu tous les traités que le tsar avait conclus avec d'autres Etats aux fins d'alliances et aux fins d'oppression des autres peuples et Etats.

Il faut être absolument fou pour croire que l'Etat soviétique, seul Etat ouvrier au monde qui est encerclé par des Etats bourgeois, ait l'intention de faire une guerre offensive. Etant donné la corrélation actuelle des forces, la République des Soviets aurait contre elle tout le monde capitaliste : les divergences qui existent entre les Etats bourgeois, en ce qui concerne leur attitude envers l'U.R.S.S., disparaîtraient complètement si le gouvernement soviétique se décidait réellement à faire une guerre offensive, et nous aurions contre nous un bloc unique de tous les Etats bourgeois du monde entier. La calomnie au sujet de l'impérialisme rouge constitue la preuve la plus évidente que les ennemis de l'U.R.S.S. font l'impossible pour préparer l'opinion publique en Europe et en Amérique à une intervention très probable sur le territoire de l'U.R.S.S.

Récemment, nous avons exprimé notre désir de participer à la conférence de désarmement. Je déclare à ce congrès, et je prends toute la responsabilité de ma déclaration, que nous proposerons, que nous soutiendrons et que nous

nous engageons à réaliser la politique la plus radicale de désarmement. Mais nous nous engageons en même temps à ne pas soutenir les propositions qui auront pour but de tromper l'humanité, de tromper la classe ouvrière ; nous nous engageons à ne pas soutenir une politique qui couvrirait la nouvelle guerre de phrases pacifistes.

*
* *

Camarades, les participants à ce congrès commettraient une erreur s'ils déduisaient de mon rapport qu'on a déjà fait tout le nécessaire pour satisfaire les besoins culturels et matériels de la classe ouvrière et des paysans, que tout est déjà fait pour organiser la société socialiste. A plus forte raison, n'aurais-je pas été compris si l'on me prêtait l'idée que le socialisme existe déjà chez nous. Le bilan des dix premières années de l'existence des soviets se résume en ceci : comparativement à la Russie tsariste (je ne parlerai point de la Russie de Kérensky, car elle n'a existé que de février à octobre 1917), nous avons fait un pas énorme en avant. Nous avons déraciné, détruit tous les vestiges du féodalisme ; nous avons aboli le droit de propriété privée sur les instruments de production industrielle et sur les moyens de transports ; nous avons aboli la propriété individuelle du sol ; nous avons concentré tout le pouvoir politique de notre Etat dans les mains des travailleurs seulement ; nous faisons la révolution dans tous les domaines de l'existence : conceptions religieuses, attitude envers la femme, culture, coutumes, etc., etc. Dans l'Etat soviétique, la science et la technique constituent dans les mains du peuple des instruments pour l'organisation de la société socialiste. Nous avons créé un régime qui se distingue en principe de tout ce que l'humanité connaissait avant la révolution d'Octobre. Aux dernières manifestations qui se sont déroulées sur les territoires de l'Union à l'occasion du 10e anniversaire de la révolution d'Octobre, vous avez pu vous convaincre que tous les peuples de l'U.R.S.S. défendront jusqu'à la dernière goutte de leur sang le régime soviétique. Mais tout cela ne signifie nullement que nous ayons déjà parcouru la plus grande partie du chemin conduisant à la société socialiste. L'édification socialiste ne fait que de commencer. Ces dernières années, nous n'avons fait que le premier pas pour organiser la société socialiste, et il nous faudra encore de nombreuses années de luttes obstinées pour achever ce travail. Mais le bilan de notre histoire de ces dix années montre que nous avons au sein de notre Etat toutes les conditions nécessaires pour organiser le socialisme.

Je vous ai déjà dit quels sont les résultats que nous avons obtenus pendant ces dix années en ce qui concerne le développement économique. Je voudrais compléter cette partie de mon rapport en indiquant que ces résultats ont été atteints sans aide aucune de la part des Etats étrangers.

Dans la période d'après-guerre, il n'y a pas un seul Etat en Europe qui, par ses propres moyens, uniquement, ait reconstitué son économie. Nous sommes le seul Etat dont l'économie, qui avait baissé bien plus que celle de n'importe quel autre pays, se soit relevée dans l'espace de 5 années au point de dépasser le niveau d'avant-guerre. Il est vrai que, dans certains cas, des Etats étrangers, comme l'Allemagne, nous avaient accordé quelques crédits qui, certes, nous ont été utiles, mais comparativement aux ressources que nous avons dû engager rien que pour reconstituer notre industrie, ces crédits ont joué un rôle insignifiant. Il faut vous rendre compte que, pour réoutiller partiellement notre industrie seulement, nous avons dépensé durant les trois dernières années près de 3 milliards de roubles.

Les 10 années écoulées depuis Octobre nous ont montré que nous pouvons, par nos propres forces, indépendamment des emprunts à l'étranger, en nous appuyant sur l'organisation de la classe ouvrière et des paysans, mener jusqu'au bout l'organisation de la société socialiste, si une guerre ne nous en empêche pas. Certes, dans ce cas, l'existence de l'Union soviétique ne pourra être considérée comme solide et la victoire du socialisme comme définitive tant que les autres Etats garderont le système bourgeois d'organisation de la société. La libération des masses laborieuses et la suppression de l'exploitation de l'homme par l'homme ne peuvent être limitées à un seul Etat. Elles peuvent et doivent avoir un caractère international. Nous sommes sûrs que les succès de l'édification socialiste dans notre Etat constitueront une des causes qui faciliteront la lutte de la classe ouvrière du monde entier pour la transformation socialiste de toute la société humaine.

Il y a dans cette salle près de 1.000 personnes, venues de tous les points du globe terrestre. Je voudrais terminer mon rapport par le souhait que nous ayons le soutien de tous les ouvriers et paysans révolutionnaires de tous les pays pour notre travail d'organisation de la société socialiste. Je voudrais que nous ayons, dans notre travail, l'appui de tous les participants au présent congrès, ainsi que l'appui des groupes de la population avec lesquels ils sont liés.

ANNEXES

Quelques données générales sur la vie économique et culturelle de l'U. R. S. S.[1]

(*Matériaux sur le rapport de A. Rykov, Président du Conseil des Commissaires du Peuple*)

1. Avis préliminaire

Pour étudier la vie de la Russie d'après Octobre, il faut avoir en vue avant tout les circonstances suivantes :

a) Que la Russie tsariste d'avant-guerre était profondément pénétrée des survivances féodales et était, au point de vue industriel, un pays des plus arriérés de l'Europe ;

b) Que l'œuvre créatrice de la classe ouvrière a commencé sur la base d'une économie nationale ruinée et désorganisée à l'extrême par la guerre impérialiste et la guerre civile.

2. Etat de l'économie nationale en Octobre 1917

La désorganisation des forces productrices de l'économie nationale de la Russie à la suite de la guerre impérialiste et son état général au moment de

1. On trouvera des chiffres détaillés dans les tableaux ci-après.

la révolution d'Octobre peuvent être caractérisés, en traits généraux, par les données suivantes :

L'industrie censitaire[1]. — En 1917, la production globale avait diminué de 30 %. La valeur de la production de 1913 était fixée à 6.391.000.000 ; celle de 1917, à 4.468.000.000, en roubles d'avant-guerre.

L'agriculture. — La production de l'agriculture en 1917 avait diminué de 19,5 %. En 1913, la valeur de la production globale était évaluée à 11 milliards 790 millions de roubles ; en 1917, à 9 milliards 500 millions.

En 1917, la proportion de locomotives hors d'usage était de 29,4 %. Le rouble, au milieu de 1917, était coté à la Bourse de Londres 27 copecks. Les salaires, à la fin de 1916, dans la région industrielle moscovite, étaient augmentés de 19 % par rapport à ceux d'avant-guerre, mais les prix des objets de première nécessité avaient augmenté de 63 %. Le prix du sel, en 1917, avait augmenté de 1.140 % à 1.660 %.

A cette période, on constate un processus rapide de désunion de l'agriculture et de l'industrie. Le pays se divise en deux parties indépendantes : la ville et la campagne. Dans la ville, l'industrie dépérit et la perspective prochaine de la famine apparaît. La campagne se passe des produits de l'industrie et vend de moins en moins de blé aux villes.

3. Etat de l'économie nationale en 1921 (après la guerre civile)

Avant la révolution d'Octobre, la classe ouvrière ne pouvait commencer immédiatement son œuvre d'édification économique, car elle était obligée avant tout de se battre, les armes à la main, sur les fronts de la guerre civile, contre l'intervention et contre la

1. On appelle en Russie « industrie censitaire » l'ensemble des établissements ayant un moteur et occupant plus de 16 ouvriers, ou bien n'ayant pas de moteur et occupant plus de 30 ouvriers.

contre-révolution intérieure. La victoire fut remportée après quatre ans de guerre acharnée avec les ennemis de la révolution prolétarienne, au prix des plus grands sacrifices et des plus grandes privations.

L'état de l'économie nationale au début de la période de travail pacifique (après la guerre civile) est caractérisé par les données suivantes :

Industrie. — La production industrielle, en 1920, avait diminué de 80 %. La valeur de la production de l'industrie censitaire, qui était en 1913 de 6.391 millions de roubles, était tombée en 1920 à 949 millions. Dans quelques branches, le marasme était encore plus catastrophique. C'est ainsi que dans les filatures de coton, la production n'atteignait que 5,1 % de celle d'avant-guerre ; pour les wagons, elle était de 4,2 % ; pour la fonte, de 2,4 % ; pour les minerais, de 1,7 %.

L'outillage industriel, en *sept ans de guerre,* n'avait presque pas été réparé. Le nombre de locomotives hors d'usage atteignait en 1920 la proportion de 55 %. Le trafic des chemins de fer ne représentait plus que 20 % de celui d'avant-guerre. Le nombre d'ouvriers employés dans l'industrie censitaire s'élevait à 1.599.000 (en 1913, il était de 2.686.000).

Agriculture. — La production agricole, en 1921, avait diminué de 41,7 %. (En 1913, sa valeur globale était de 11.790 millions et, en 1921, de 6.900 millions seulement ; sa partie marchande, c'est-à-dire la partie de la production que les paysans livrent au marché, avait diminué presque de quatre fois.)

Une particularité distinctive de la période de guerre civile est la disparition des rapports de commerce et leur remplacement par un système de répartition centralisée. Pour obtenir le minimum de vivres nécessaires pour l'armée et la population des villes, l'Etat était obligé de recourir au système des réquisitions, c'est-à-dire qu'on enlevait aux paysans la quantité de céréales, de pommes de terre, etc. qu'on jugeait superflue.

Le système économique de la période du communisme de guerre était réalisé sur la base d'une alliance militaire et politique de la classe ouvrière avec les paysans. L'alliance militaire de la classe ouvrière et des paysans découlait de la nécessité de défendre les conquêtes de la révolution. La victoire fut remportée sous la direction du parti communiste.

4. Traits distinctifs de la vie économique de l'Union soviétique

Après la période de guerre civile, d'intervention, de ruine, de famine, de froid, après avoir radicalement bouleversé tous les vieux rapports sociaux, détruit tout le vieil appareil d'Etat et déraciné des habitudes et des traditions séculaires, les millions d'ouvriers et de paysans de l'Union soviétique ont commencé un travail pacifique intense pour rétablir l'économie nationale et la transformer dans un esprit socialiste. Il faut avoir en vue que la période de relèvement, dans l'U.R.S.S., a un caractère et des buts tout autres que dans les pays capitalistes. Alors que l'économie des pays capitalistes se rétablissait dans les vieux cadres de la société capitaliste, la période de relèvement fut en même temps dans l'U.R.S.S. une période de création de nouveaux rapports économiques et d'organisation de l'économie sur des principes nouveaux, sur la base de la liquidation de la propriété privée des fabriques, des usines, des chemins de fer, de la terre, etc. Nos services de statistique ne se servent des indices de 1913 *que pour une comparaison quantitative :* les progrès économiques réalisés sont analysés surtout du point de vue de classe. Le processus de collectivisation, d'évolution de l'économie nationale dans l'esprit socialiste est le trait distinctif le plus important du développement de la vie économique et culturelle de l'U.R.S.S.

5. Le bloc ouvrier-paysan. Pourquoi le relèvement a commencé par l'agriculture

Le principe dirigeant de toute la vie de l'U.R.S.S. est ce qu'on appelle le bloc ouvrier-paysan, l'alliance des villes et des campagnes, le renforcement des rapports économiques de la classe ouvrière et des paysans. Le remplacement des réquisitions par l'impôt agricole et la liberté du commerce ont marqué le passage du communisme de guerre, du système économique de la guerre civile, au système qui a reçu le nom de nouvelle politique économique, ou de Nep. Etant donné l'appauvrissement général et la désorganisation des forces productives, il fallait avant tout saisir le rouage de l'économie nationale qui pouvait le mieux contribuer à la création rapide d'une source de vivres et de matières premières pour les villes et l'industrie. En ce moment, ce rouage, ce chaînon était l'agriculture, bien que sa production représentât 49 % de celle d'avant-guerre, alors que la production industrielle n'en représentait que 18 à 20 %. Après avoir relevé l'agriculture, il fut possible de développer l'édification socialiste.

6. Résultats des années de travail pacifique

Les chiffres détaillés sur la vitesse de relèvement des différentes branches de l'économie étant donnés dans les tableaux ci-joints, nous nous contenterons ici des données les plus importantes.

Agriculture. — La production agricole, en 1927, est évaluée à 12.775 millions de roubles d'avant-guerre, soit 108,2 % de celle d'avant-guerre. En même temps qu'on relevait l'agriculture, on combattait les méthodes arriérées de culture. A l'heure actuelle, les paysans sont en train d'adopter les assolements multiples. Les cultures de plantes industrielles, coton, lin, etc., ont augmenté. Le progrès de l'agriculture est caractérisé par le fait que, dans ces trois dernières années, une somme de 2.678.540.000 roubles a été investie en achats de machines agricoles. (54 % de cette somme ont été donnés à titre de crédits aux paysans par l'Etat et la coopération). Il est très difficile à l'Etat de réglementer la production agricole, de la soumettre à un plan, du fait qu'elle est disséminée entre 22 millions ½ d'exploitations paysannes travaillant chacune pour soi. Le principal moyen de développer l'agriculture, de lui donner une base technique plus perfectionnée, de l'entraîner dans la voie socialiste, c'est la coopération sous toutes ses formes. Cette année, le gouvernement a pris à son compte les travaux de remembrement pour les paysans pauvres et a exempté 35 % des paysans de l'impôt agricole afin de les aider à améliorer leur exploitation (v. le tableau n° 6).

Industrie. — La production globale de l'industrie, d'après les prix d'avant-guerre, est estimée en 1927 à 7.820 millions ; celle de l'industrie censitaire, à 6.637 millions, soit 112,9 % de celle d'avant-guerre. (La progression annuelle est indiquée dans le deuxième tableau).

En 1926-27, la production des moyens de production, rien que dans la grande industrie d'Etat, atteint 2.028,4 millions de roubles ; celle des objets de consommation, 2.585,8 millions.

Comparativement à 1913, la production industrielle des différentes branches, d'après les prévisions des plans pour 1927-28 sera la suivante : charbon, 124,1 % ; pétrole, 120,7 % ; fonte, 82,3 % ; métaux, 85,2 % ; cotonnades, 112 % ; caoutchoucs, 132,6 %.

Ces chiffres montrent que le rétablissement de l'économie nationale a visé avant tout à satisfaire les besoins les plus urgents de la consommation. Mais au cours même de la période de rétablissement, le pays a commencé à réaliser la reconstruction, la transformation de l'économie nationale sur une base nouvelle, aussi bien dans le sens du renforcement du rôle dirigeant de l'industrie, du développement de l'électrification, que dans le sens des perfectionnements techniques généraux. Les deux dernières années marquent le début de la reproduction élargie, c'est-à-dire la réalisation du plan d'industrialisation du pays.

D'après les *secteurs sociaux*, la production industrielle se répartit ainsi : 85,9 % pour le secteur socialiste (dont 77,1 % pour l'industrie d'Etat et 8,8 % pour l'industrie coopérative) et 14,1 % pour le secteur privé. Dans l'agriculture, la production du secteur socialiste est de 2,7 % et celle du secteur privé de 97,3 %.

Dans le *commerce*, 81,9 % de la production globale passent par le commerce d'Etat et les coopératives ; 18,1 % par le commerce capitaliste (v. le tableau n° 18).

Transports. — La vitesse de développement de l'économie nationale de l'U.R.S.S. se reflète dans la situation des transports ferroviaires. La grande distance entre les principaux centres économiques de l'U.R.S.S. et la nécessité de les maintenir en liaison par voie de terre déterminent un développement rapide du réseau ferroviaire. En 1913, il était de 58.500 kilomètres ; en 1926, il est de 74.600 kilomètres. D'après les prévisions pour 1927-28, il sera de 77.200 kilomètres, soit 132 % de la longueur d'avant-guerre (v. le tableau n° 7).

Budget. — A mesure que se développe l'économie nationale, le budget de l'Etat augmente. En 1925, il était de 2.965.400.000 roubles ; en 1926, de 3 milliards 973.400.000 roubles ; en 1927, de 5.045.500.000 roubles. Pour financer l'économie nationale, on a dépensé, en 1925, 17 % du budget ; en 1927, 25,3 % (v. le tableau n° 12).

7. Situation de la classe ouvrière

Le *nombre d'ouvriers* occupés dans l'industrie s'élève en 1927 à 3.030.300, dont 2.908.000 dans l'industrie socialisée et 122.300 dans l'industrie capitaliste (v. le tableau n° 8). Dans l'industrie censitaire, le nombre d'ouvriers était, en 1926, de 2.389.000, c'est-à-dire presque deux fois plus élevé qu'en 1921.

Le *salaire* dans l'ensemble de l'industrie atteint en moyenne 116,9 % de celui d'avant-guerre ; dans certaines branches, il s'élève jusqu'à 172 % (alimentation) ; dans d'autres, à 89,2 % seulement (mines). Cette diversité vient surtout de l'héritage qui nous a été laissé par la Russie tsariste (v. le tableau n° 4).

Le montant réel du salaire, en U.R.S.S., n'est pas déterminé par la situation momentanée du marché de la main-d'œuvre, mais par la situation économique générale du pays et les possibilités réelles d'augmenter les salaires.

Ces dernières années, à mesure que l'économie s'améliore, on observe une augmentation incessante et systématique des salaires des ouvriers et des employés. Le rythme de cette augmentation est caractérisé par les chiffres suivants qui indiquent le salaire annuel moyen dans l'industrie : en 1923-24, 422 roubles ; en 1924-25, 571,78 rbl. ; en 1925-26, 648,48 rbl. ; en 1926-27, 726,19 rbl. Ainsi, au cours des 3 dernières années, le salaire nominal dans l'industrie a augmenté de 70 %. Il faut aussi prendre en considération que l'ouvrier n'a rien à payer pour l'assurance sociale, que son loyer est en proportion de son salaire et qu'en outre il jouit des services communaux gratuitement ou à des conditions de faveur.

En même temps le rapport entre le montant des salaires dans les différentes branches de l'industrie s'est radicalement modifié. A l'heure actuelle, les salaires les plus élevés sont atteints dans les branches de l'industrie qui, avant la guerre, étaient les plus mal payées (v. le tableau n° 4).

Ce phénomène s'explique par le fait qu'avant la révolution les salaires dans l'industrie légère et moyenne étaient bien plus bas que dans l'industrie lourde. Dans la période qui vient de se clore, les salaires ont plus fortement augmenté dans les branches où, avant la guerre, les ouvriers étaient soumis à la plus grande exploitation. Le tableau en question ne comprend pas les suppléments aux salaires tels que gratuité des services municipaux, assurance sociale, séjours dans les sanatoriums et maisons de repos et autres dépenses qui, pour toute l'industrie, font une moyenne de 33,9 % en plus du salaire.

On se rend compte de l'importance de ce supplément par les dépenses de l'assurance sociale. C'est ainsi que, cette année, ces dépenses se sont élevées à 677.947.000 rbl. (v. le tableau n° 5).

La *journée de travail* dans toute l'industrie est en moyenne de 7 heures et demie. Cette moyenne s'explique par le fait que, dans certaines branches (sous-sol, produits chimiques, travaux insalubres), la journée de travail est de 6 ou 7 heures. Le Manifeste du Comité Exécutif Central de l'Union soviétique prépare la généralisation de la journée de 7 heures. Les heures supplémentaires ne sont autorisées que dans des cas exceptionnels. La moyenne des heures supplémentaires pour les ouvriers qui, ces derniers mois, ont fait des heures supplémentaires, ne s'élève qu'à 20,6 heures par mois, soit moins d'une heure par jour. Les heures supplémentaires sont payées 50 % de plus que les heures ordinaires.

8. Le chômage

Les statistiques montrent que la grande masse des chômeurs est composée de paysans venus de leurs villages et d'employés restés sans travail par suite de la réduction du personnel administratif.

Voici le nombre de paysans qui sont venus à la ville pour y chercher un gagne-pain :

En 1923-24	1,7 millions
En 1924-25	2,8 »
En 1925-26	3,2 »

Le nombre de paysans qui viennent à la ville augmente fortement d'année en année.

Le chômage d'ouvriers industriels proprement dit n'est pas si considérable. Il y a toujours un pourcentage d'ouvriers qui, passant d'une fabrique à l'autre, d'une ville à l'autre, partant provisoirement dans leur village pour des raisons de famille, pour cause de maladie ou pour d'autres raisons, sont *provisoirement* chômeurs.

Etant donné la réglementation de l'assurance sociale et le rôle important des bourses de travail et des syndicats, il est douteux que l'enregistrement des chômeurs soit défectueux. Quand on se fait inscrire parmi les chômeurs, ce n'est pas seulement pour trouver du travail ou recevoir l'allocation de chômage, mais aussi pour conserver la carte de syndiqué et les avantages qu'elle donne (v. le tableau n° 9).

A l'heure actuelle, comme nous venons de le voir, une cause importante de chômage est le départ d'un grand nombre de paysans pour la ville, phénomène contraire à ce qui se passait pendant le communisme de guerre. En ce temps-là, beaucoup d'ouvriers retournaient au village pour y trouver du pain et éviter la misère. Maintenant, la situation économique des travailleurs dans les villes est meilleure, et c'est le mouvement dans le sens opposé qui se produit. De là, la nécessité d'accroître le niveau de vie des paysans, d'industrialiser l'agriculture pour combattre le chômage.

La réduction de la journée de travail et l'augmentation du nombre d'équipes de relève, d'après les calculs les plus modestes, donneront du travail à un demi-million de personnes.

Le total des dépenses pour le chômage sera, en 1927-28, de 230 millions de roubles au lieu de 84,5 millions en 1926-27, soit une augmentation de 55 %. Ces dépenses seront couvertes en 1927-28 par une subvention de 12 millions du budget de l'Etat, une autre de 9 millions du budget local et 108,7 millions de l'Assurance sociale.

9. Répartition du revenu national

Le *revenu national*, qui était de 15.589 millions en 1925, est monté à 22.560 millions en 1927. En 1925, la part de la population agricole était de 51 % et, en 1927, de 49,1 % ; celle de la classe ouvrière, de 24,1 % et de 29,4 %. Le revenu net du secteur socialiste de l'économie nationale, principale source d'accumulation pour l'extension ultérieure de l'économie nationale, a été de 7,8 % en 1925 et de 9,5 % en 1927 (v. le tableau n° 11). Ce qui caractérise le revenu national, c'est l'état stationnaire du revenu des éléments bourgeois des villes en chiffres absolus et sa diminution comparativement au revenu des salariés et du secteur socialiste de l'économie.

Les progrès réalisés pendant les dernières années de la période de relèvement ont considérablement amélioré la situation des masses ouvrières et contribué à l'accroissement des éléments socialistes dans toute l'économie. Chaque année, l'économie du pays fait un pas en avant sur une base technique de plus en plus considérable et de plus en plus perfectionnée, ce qui permet d'élargir le programme de l'édification économique.

10. La vie culturelle

Dans le processus de l'édification socialiste, le problème culturel, le problème de l'éducation, de l'instruction, acquiert une importance de plus en plus grande. Pendant ces dernières années, des résultats considérables ont été obtenus en ce qui concerne l'accroissement de la base matérielle de l'instruction publique. Les dépenses pour l'Instruction publique, qui n'étaient que de 2,18 rbl. par habitant en 1913, ont atteint 3,86 rbl. en 1925-26 et 4,79 rbl. en 1926-27.

Les succès de l'édification culturelle-sociale s'expriment par le nombre d'élèves et d'établissements scolaires. Dans l'enseignement élémentaire, le nombre d'élèves, de 7.236.000 en 1913, est monté à 9.487.000 en 1925. Les progrès sont encore plus rapides dans l'enseignement professionnel, où le nombre d'élèves, de 267.000 en 1913, est monté à 529.000 en 1925.

Après la fin de la guerre civile, le mouvement

d'instruction a pris des proportions gigantesques dans les grandes masses. C'est ainsi qu'en 1925-26, il y avait 50.893 établissements où l'on apprenait à lire et à écrire à la population adulte analphabète. Le nombre des élèves de ces établissements s'élevait à 1.640.000. Le nombre de clubs ouvriers s'élevait à 6.015.

On constate le même phénomène dans l'enseignement supérieur, où le nombre d'établissements, de 91 en 1913, est monté à 134 en 1925-26.

Les facultés ouvrières ont une importance exceptionnelle dans la préparation de la jeunesse ouvrière aux écoles supérieures. En 1926-27, on en comptait en U.R.S.S. 109 avec 45.702 élèves.

L'édification culturelle-sociale de l'Union soviétique a encore ceci de particulier que la culture et l'instruction se développent considérablement dans les minorités nationales. Le fait qu'on enseigne maintenant dans les langues indigènes a permis de développer l'instruction parmi les peuples restés arriérés de l'Union soviétique. On a un exemple des résultats obtenus dans ce domaine par le travail d'éducation accompli parmi la population de la République turkmène. Alors qu'en 1916, sur 9.875 élèves dans le pays, il n'y avait que 524 Turkmènes, en 1926-27, sur 32.239 élèves, il y a 19.500 Turkmènes.

En ce qui concerne la santé publique, on constate une amélioration générale, ce qui ressort du tableau suivant :

Sur 1.000 habitants :

	1913	1924	1925	1926
Natalité	44,1	42,65	46,97	44,15
Mortalité	27,2	23,46	25,86	21,25
Accroissement naturel de la population	16,9	19,9	21	22,91

Les 4/5ᵉ au moins de la population de tout âge, d'une façon ou d'une autre, jouissent de l'assistance médicale et sanitaire de l'Etat.

Pendant l'année écoulée, on a constaté une sérieuse amélioration en ce qui concerne la mortalité enfantine. Sur 100 enfants nés vivants, mouraient avant l'âge d'un an :

En 1924	19,5
En 1926	19

II. Les perspectives immédiates et le plan de l'économie nationale

La particularité essentielle de toute l'activité économique de l'U.R.S.S. est qu'elle se poursuit d'après un plan. Le système soviétique d'économie exige que tous les problèmes économiques fondamentaux soient pris en considération, qu'on les combine et qu'on les unisse en un tout qui constitue l'économie nationale. C'est pourquoi le rôle du plan et de la prévision acquiert chaque année une importance de plus en plus grande. Cela est surtout vrai pour la période qui s'ouvre de reconstruction, de transformation de toute l'économie nationale sur une base technique plus perfectionnée. Maintenant, il ne suffit plus de dresser un plan pour un an, l'envergure du travail exige des programmes plus larges et pour des délais plus longs.

Nos progrès économiques de cette année sont le point de départ de l'établissement du plan perspectif de l'économie nationale de l'U.R.S.S. pour les cinq années prochaines. L'établissement de ce plan se heurte à des difficultés considérables, du fait de la complexité de la situation extérieure et de l'ampleur de l'édification intérieure. C'est pourquoi les plans prévisionnels ne sont encore, dans une large mesure, qu'un moyen de s'orienter, bien que ces dernières années les résultats effectifs aient dépassé les prévisions des plans.

L'objectif du plan prévisionnel est déterminé par la nécessité de mesures grâce auxquelles le rythme de l'essor de l'économie nationale de l'U.R.S.S. dépasserait celui de l'économie des pays capitalistes. Du point de vue des rapports intérieurs, l'objectif du plan quinquennal est dicté par la nécessité de rendre le rythme de l'essor des éléments socialistes supérieur a celui des éléments capitalistes.

En 1926-27, dans toutes les branches de l'économie, l'U.R.S.S. a dépassé le niveau de 1913. Pendant les cinq ans qui suivront, on compte que la production dépassera de 39 % celle d'avant-guerre. Grâce à la transformation et au développement de l'industrie, la main-d'œuvre employée par l'industrie d'Etat du ressort du Conseil Supérieur de l'Economie nationale augmentera de 23,4 %. Pendant les cinq ans qui suivront, le plus grand progrès sera celui de l'édification industrielle, en raison de la reconstruction de l'industrie et des transports.

Le plan économique quinquennal est caractérisé non seulement par des résultats quantitatifs, mais aussi par des déplacements sociaux de classe.

TABLEAU N° 1 — **Production globale de l'économie nationale**
(en millions de roubles, d'après le rouble et les prix d'avant-guerre)

1913	1921/22	1922/23	1923/24	1924/25	1925/26	1926/27	1927/28	1931/32 Prévision
19.837	8.120	11.316	12.272	14.574	18.739	20.695	22.487	31.369

Tous les chiffres se rapportant à la période 1928-1931 sont des prévisions du plan, d'après les données de la Commission du Plan d'Etat.

TABLEAU N° 2 — **Industrie**

Production globale de l'industrie censitaire, en millions de roubles, d'après le rouble et les prix d'avant-guerre.

1913	1917	1918	1919	1920	1921/22	1922/23	1923/24	1924/25	1925/26	1926/27	1927/28	1931/32
6.391	4.468	2.260	1.111	949	1.344	2.156	2.583	3.917	5.731	6.728	7.607	12.580

Dont, pour les branches de la grande industrie d'Etat produisant :

	1924/25	1925/26	1926/27	1927/28
Des moyens de production........	1142,3	1629,3	2028,4	2378,5
Des objets de consommation........	1602,5	2273,2	2585,8	2964,6

TABLEAU N° 3 — Main-d'œuvre
Nombre d'ouvriers de l'industrie censitaire, par mille

1913	1917	1918	1919	1920	1921/22	1922/23	1923/24	1924/25	1925/26	1926/27	1927/28
2.686	3.212[1]	3.442[1]	1.713	1.599	1.294	1.446	1.618	1.795	2.289	2.389	2.460

TABLEAU N° 4 — Les salaires des ouvriers de la grande industrie

	1913 En rbl. d'av.-guerre	En roubles actuels				Indice du salaire réel (% comparativement à 1913)			
		1924/25	1925/26	1926/27	1927/28	1924/25	1925/26	1926/27	1927/28
Salaire mensuel :									
Métallurgie	35	49.71	62.90	70.98	76,23	67,5	77,4	86.9	97,7
Textile	17	37.31	45.29	51.64	54.89	102,3	111.9	129.2	143.8
Mines	33	38,34	51.97	58.25	61,05	55.5	71,1	81,3	89.2
Produits chimiques	20	44.20	54,24	60,85	63,22	104.9	116.9	130.5	142.0
Cuirs	25	60.61	70.18	79.59	81.42	116,4	122.0	136.8	146.5
Alimentation	20	56.1	64,21	67,87	72,28	141.4	149.5	154.2	172.0
Papier	18	42 32	51.01	55.09	58.45	115.3	126.3	134.4	149.3
Bois	22	47.04	53.63	56.77	58,13	97,6	102.3	108.8	116.9
Moyenne générale	25	43,48	55,04	60,52	64,15	82.6	93.7	105,3	116.6
Salaire annuel :									
Moyenne gén. pour toute l'industrie	300	521,78	648,48	726,19	769,76	82.6	93,7	105.3	116,9

1. Un certain accroissement en 1917 et 1918 s'explique surtout par l'accroissement de la production des entreprises travaillant pour les besoins de la guerre.

TABLEAU N° 5 — **Dépenses de l'assurance sociale de 1924-25 à 1927-28.**

	En milliers de roubles.				% par rapport au total.			
	1924/25	1925/26	1926/27	1927/28	1924/25	1925/26	1926/27	1927/28
1. Incapacité temporaire de travail	117.101	197.273	214.454	215.279	37,7	38,3	36,9	33,9
2. Allocations complémentaires aux assurés et à leurs familles	46.213	78.301	80.704	82.242	14,9	15,2	13,9	12,4
3. Pensions d'invalides	63 938	115 220	158.702	185.122	20,6	22,4	27,3	27,9
4. Allocation de chômage	31.306	50.411	66.918	108.726	10,1	9,8	11,5	16,4
5. Maisons de repos et sanatoria	26.372	39.877	30.000	30.000	8,5	7,7	5,2	4,5
6. Autres dépenses (Assurance de l'Enseignement, etc.)	4.645	6.475	5.400	5.259	1,5	1,3	0,9	0,8
7. Construction, réparations et acquisitions	—	2.311	—	2.000	—	0,4	—	0,3
8. Dépenses administratives	20.998	25.109	24.736	25.253	6,7	4,9	4,3	3,8
TOTAL DES DÉPENSES	310.573	514.977	580.914	663.881	100	100	100	100
9. Déduction pour la construction d'habitations ouvrières	—	13.005	19.300	14.066	—	—	—	—
TOTAL DES DÉPENSES	310.573	527.982	600.214	677.947	—	—	—	—

REMARQUE : 1924/25 et 1925/26, d'après les comptes rendus de l'Assurance Sociale ; 1926/27, d'après les prévisions budgétaires de l'A. S. ; 1927/28, d'après les chiffres de contrôle de la Commission du Plan de l'État de l'U.R.S.S.

TABLEAU N° 6 — **Agriculture**

	1913	1917	1918	1919	1920	1921/22
Production globale (millions de roubles, d'après prix d'avant-guerre)	11.790	9.500	8.700	8.300	7.700	6.900
Surface ensemencée (millions de déciatines	109	99	97	95	93	83
Bétail, le petit bétail étant ramené à une quantité équivalente de gros bétail (en millions de têtes)	84,3	78,5	72,5	67,5	61,2	57,3

	1922/23	1923/24	1924/25	1925/26	1926/27	1927/28
Production globale (millions de roubles, d'après prix d'avant-guerre)	7.600	8.800	10.293	12.273	12.775	13.186
Surface ensemencée (millions de déciatines	75	86,8	91,2	96,7	102,7	105,5
Bétail, le petit bétail étant ramené à une quantité équivalente de gros bétail (en millions de têtes)	48,3	63,7	71,8	76,4	81,7	88,6

TABLEAU N° 7 — Transports

	1913	1917	1918	1919	1920	1921/22	1922/23
Longueur du réseau (milliers de kilomètres)	58,5	—	26,7	31,4	56,7	67,5	69,6
Trafic de marchandises (milliards de tonnes-kilomètres)	65,7	—	14,1	17,4	14,2	16	23,5

	1923/24	1924/25	1925/26	1926/27	1927/28	1931/32
Longueur du réseau (milliers de kilomètres)	73,9	74,4	74,6	76,2	77,2	—
Trafic de marchandises (milliards de tonnes-kilomètres)	33,7	47,4	68,9	83	91,6	—

TABLEAU N° 8 — Electrification

	1913	1921/22	1922/23	1923/24	1924/25	1925/26	1926/27	1927/28	1931/32
Puissance des stations de rayon construites (en milliers de kilowatts)	420	430	442	458	520	598	776	814	(1) —
Production des stations électriques de l'U.R.S.S., en millions de kilo-watts-heures (2)	—	—	—	897	1.132	3.220	4.112	5.325	.378

1. Actuellement, sont en construction des stations électriques d'une puissance totale de 838.000 kilowatts. Les travaux d'agrandissement des 13 stations les plus considérables devront augmenter leur puissance de 230.000 kw., chiffre actuel, à 850 000 kw. en 1931-32.

2. La fourniture de l'énergie électrique des grosses stations de services publics était de 431 millions kilowatts-heures en 1913 et de 1.900 millions en 1927, soit une augmentation de près de 5 fois.

Tableau N° 9 — Nombre des salariés
(En milliers)

	1913 [1]	1924/25	1925/26	1926/27	1927/28
1. Agriculture	3.000	1.662	1.944	2.041	2.041
2. Grande industrie	2.686	2.109	2.672	2.786	2.858
3. Petite industrie	860	223	237	244	257
4. Dans toute l'industrie	—	2.332	2.909	3.030	3.115
5. Bâtiment	500	317	423	494	544
6. Transports	975	1.094	1.286	1.338	1.327
7. Postes et Télégraphes	72	82	90	93	93
8. Commerce	510	371	478	531	548
9. Enseignement	—	605	667	731	753
10. Santé publique	—	264	320	355	366
11. Administration et institution de l'Etat, publiques et particulières	—	865	935	962	922
12. Dans le reste de la population	—	643	791	791	791
Total	11.200	8.215	9.843	10.366	10.500

1. Pour 1913, on manque de chiffres exacts sur différentes branches de l'économie nationale.

TABLEAU N° 10 — **Nombre de chômeurs syndiqués en U.R.S.S.**
1924/25 — 1926/27 (1)

	Par milliers			Pourcentage par rapport à l'année précédente	
	1924/25	1925/26	1926/27	1925/26	1926/27
1. Agriculture	70,6	154,1	288,3	218,3	187,1
2. Industrie	278,5	312,9	448	112,4	143,2
3. Bâtiment	90,3	128,3	173,1	142,7	1,3
4. Transports, postes et télégraphes	130,1	120	180,8	92,2	150,7
5. Administrations et institutions	263	289,8	389	110,2	134,2
6. Autres catégories	50,2	79,5	128,1	158,4	161,1
7. En tout	882,7	1085,2	1607,3	122,9	148,1

(1) Y compris les chômeurs saisonniers; les chiffres de ce tableau englobent les ouvriers et les employés.

TABLEAU N° 11 — **Production globale de l'industrie et la circulation des marchandises dans l'U.R.S.S.**
1924/25 — 1927/28

(% par rapport au total de la branche économique)

SECTEURS	1924/25	1925/26	1926/27	1927/28
Secteur collectiviste :				
Industrie	83,3	83,7	85,9	87,3
Agriculture	2,1	2,2	3,7	3,5
Commerce	72,6	75,6	81,9	84,5
Secteur non collectiviste :				
Industrie	18,7	16,3	14,1	12,7
Agriculture	97,9	97,8	97,3	96,5
Commerce	27,4	24,4	18,1	15,5

TABLEAU N° 12 — **Répartition du revenu national**

	Chiffres absolus, en millions de roubles				% par rapport au total			
	1924/25	1925/26	1926/27	1927/28	1924/25	1925/26	1926/27	1927/28
A. Population agricole...	8.592	10.375	11.122	11.871	55,1	51,2	49,3	49,1
B. Population non agricole	5.784	8.100	9.267	9.838	37,1	40,9	41,1	40,6
Dont :								
1. Prolétariat	3.760	5.607	6.623	7.131	24,1	27,7	29,4	29,5
2. Artisans et similaires n'employant pas de salariés	527	569	610	650	3,3	2,8	2,7	2,7
3. Bourgeoisie (surtout urbaine)	861	1.091	1.090	1.075	5,5	5,3	4,8	4,5
C. Economie collectiviste.	1.213	1.777	2.171	2.499	7,8	8,8	9,6	10,3

Tableau N° 13 — Budget de l'Etat et budgets locaux
(En millions de roubles)

	1924/25	1925/26	1926/27	1927/28
1. Subventions à l'économie nationale	617,3	846,8	1.407,5	1.799,1
2. Dépenses économiques et industrielles du budget local (services communaux, industrie locale, etc.)	192,4	246,4	369	420
3. Transport (exploitation)	847,3	1.207,1	1.442,1	1.504
4. Postes et télégraphes (exploitation)	80,7	110	131,8	142,4
5. Dépenses des commissariats du Peuple d'intérêt culturel et social	521,3	738,4	940,8	1.071,6
6. Défense nationale	420,4	611,1	699,2	800
7. Dépenses de l'appareil administratif	547,1	806,6	832,4	779,4
8. Fonds divers	68,2	12	41,2	31
9. Opérations de crédit	69,6	117,6	99,1	205
10. Autres dépenses	175,9	205,4	216	240
11. Réserve de l'Etat	98,8	44,8	145	105
Total	3.639,0	4.946,2	6.324,9	7.097,5

TABLEAU N° 14 — **Quelques chiffres sur la composition sociale des organes dirigeants et exécutifs de l'Etat et des institutions économiques de l'U.R.S.S.**

	Chiffres absolus			Pourcentage			Observat.
	Ouvr.	Paysans	Employ.	Ouvr.	Paysans	Employ.	
1. 3e Cong. des Sov. de l'U.R.S.S.	920	665	696	40,3	29,2	30,5	0,3 Artis.
2. 4e Cong. des Sov. de l'U.R.S.S.	1112	678	509	49,3	28,8	21,6	2,3 Autres
3. Com. Ex. Cent. de l'U.R.S.S.	369	180	278	43,6	21,3	32,8	catégories
Femmes :	38	22	8	—	—	—	—
4. Elues dans les soviets ruraux de la R.S.F.S.R., de la Russie-Blanche, de la Transcaucasie, des Républiques des Ouzbeks et des Turkmènes, en 1927......	agricol. 35.292 d'indus. 20.187	932,294	62,331 [1]	agricol. 3,3 d'indus. 1,9	87,4	5,8	0,7 Soldats
5. Dans les soviets urbains des mêmes républiques	39,997	4,226	27.102	46,6	4,9	31	17,5 [2]
6. Présidents et membres des directions des syndicats et trusts, des sociétés par actions de l'industrie	total	530		50,1	1,9	48	
7. Directeurs et sous-directeurs d'entreprises	total	1229		74,8	3,9	21,3	
8. Fonctionnaires judiciaires (présidents de tribunaux)	1.322	1.422	1.123	34,4	37	28,6	
9. Jurés popul., élus en 1927 (fonction non permanente)	109,454	317,980	100.038	19,3	56,1	17,6 [3]	

1. Instituteurs, Médecins. — 2. Y compris : soldats, 4.758 (5.5 %), élèves 1.178 (1,4 %), artisans 2 739 (3,2 %), ménagères 5.780 (6,7 %).
3. Parmi eux 11,607 (2.1 %) soldats et 27,783 (4,9 %) artisans et ménagères.

RÉSOLUTION

sur le rapport de A. Rykov

Les représentants des ouvriers, paysans, coopérateurs, travailleurs intellectuels et peuples opprimés, réunis à l'occasion du 10e anniversaire de la révolution d'Octobre, à Moscou, au congrès des amis de l'U.R.S.S. et des défenseurs de l'œuvre de la paix entre les peuples, prennent note avec la plus grande satisfaction du rapport dans lequel le camarade Rykov, représentant du gouvernement de l'U.R.S.S. au congrès international, rend compte de l'activité de ce gouvernement, rapport vérifié de *visu* et en toute liberté par les délégués de tous les pays. L'U.R.S.S. est le seul pays du monde où le gouvernement trouve possible et nécessaire de rendre compte de son activité, non seulement devant les travailleurs de l'U.R.S.S., mais aussi devant les représentants des travailleurs de tous les pays. Déjà, le seul fait de la communion internationale du gouvernement de l'U.R.S.S. avec les représentants des autres nations, fait inconnu dans les annales des rapports internationaux des Etats capitalistes, constitue un témoignage vivant de la grandeur historique et de la justesse de l'œuvre qui a été accomplie il y a dix ans et qui, malgré toutes les tentatives des Etats impérialistes pour la détruire, demeure solide et inébranlable comme un roc. Au nom des travailleurs qu'ils représentent, les délégations participant au congrès affirment leur solidarité indéfectible avec les ouvriers et les paysans de l'U.R.S.S., qui ont pris l'initiative dans l'œuvre de transformation de la société sur des bases socialistes, pour l'avènement d'un monde où l'on ignorera les guerres, l'exploitation de l'homme par l'homme. Au nom des organisations qu'il représente, le congrès exprime sa ferme intention de défendre, par tous les moyens à sa disposition, les conquêtes de la révolution d'Octobre contre toute agression impérialiste de la part des puissances capitalistes. En même temps, se basant sur l'étude de la vie économique et sociale dans l'U.R.S.S., faite par les participants au congrès, ce dernier déclare :

Les années de relèvement économique de l'U.R.S.S. constituent une preuve indiscutable de l'essor économique *sur des bases socialistes* d'un pays ruiné par la guerre. Le socialisme a prouvé sa vitalité du fait de la grande expérience qui s'étend sur 1/6 du globe terrestre. Et ainsi se trouve démentie la légende des économistes bourgeois affirmant qu'avec la disparition du stimulant du profit capitaliste, toutes les lois du développement économique se trouveraient renversées et que toute l'humanité entrerait dans une phase de complète dégénérescence morale et économique. L'expérience poursuivie durant 10 années par les travailleurs de l'U.R.S.S. a montré au monde qu'il existe d'autres stimulants de création économique : des *stimulants d'ordre socialiste*. Ce n'est que dans l'U.R.S.S. que la base régulatrice d'un plan préside aux rapports économiques, en supprimant ainsi l'anarchie qui domine dans les pays capitalistes, et en réduisant de plus en plus l'action des facteurs spontanés sur les rapports économiques et sociaux. C'est pour cette raison que le relèvement économique de l'U.R.S.S. constitue une victoire du socialisme sur le capitalisme.

Malgré l'état arriéré de la base technique de l'économie, l'industrialisation de l'U.R.S.S. se développe d'année en année. Les éléments de l'économie collectivisée refoulent systématiquement le capital privé des positions qu'il avait occupées lors de l'inauguration de la nouvelle politique économique. Dans le domaine de l'industrie et du commerce, le facteur socialiste de l'économie s'accroît d'une façon permanente. La concentration du commerce de gros et de détail entre les mains de l'Etat et de la coopération donne aux consommateurs ouvriers et paysans des avantages énormes. De nouvelles usines sont construites, l'outillage des anciennes usines est renouvelé, l'électrification fait des progrès rapides, et les campagnes, qui, sous le régime tsariste, étaient opprimées, se relèvent économiquement. Pour des millions de paysans du monde entier, qui ont jusqu'à présent cherché dans les pays capitalistes le salut dans l'union avec les capitalistes et avec les gros propriétaires fonciers, l'expérience de l'U.R.S.S. ouvre de nouveaux horizons en créant l'alliance des masses paysannes avec la classe ouvrière. La coopération pénétrant l'économie rurale, étant donné le rôle dirigeant de l'industrie socialiste, transforme l'aspect du village. Dans aucun pays du monde, la situation des travailleurs ne fait l'objet de tels soins que dans l'U.R.S.S., où la journée de huit heures constitue une acquisition solide de la classe ouvrière. Le fait qu'on se propose de passer à la journée de 7 heures, malgré la faiblesse économique de l'U.R.S.S., constitue un exemple des plus frappants de la tendance dominante dans l'U.R.S.S., à améliorer la situation de la classe ouvrière. Les Palais du Travail, les cités ouvrières, les maisons de repos pour les travailleurs, les sanatoriums, les maisons de la Mère et de l'Enfant, les crèches, les maisons d'enfants, les clubs, les bibliothèques, tout cela ne constitue que quelques traits isolés de la tendance générale et fondamentale à améliorer la situation matérielle et culturelle des travailleurs. Le pays où, sous le tsarisme, la majorité de la population était illettrée, fait actuellement une révolution culturelle de la plus grande importance. Les idées de solidarité et de fraternité des peuples, le respect du travail, l'idée de la justice sociale pénètrent et s'enracinent dans l'âme des enfants dès qu'ils commencent à aller à l'école L'instruction, non seulement élémentaire, mais aussi supérieure, est devenue accessible aux ouvriers et aux paysans. Le niveau culturel des masses croît de jour en jour. Des couches formidables de la population participent à la vie politique et intellectuelle du pays, dans une mesure inconnue dans n'importe quel autre Etat. L'alliance entre la science et le travail n'est réalisée que dans cette Union soviétique, tant calomniée dans le monde capitaliste comme le pays de la violence organisée contre les intellectuels. Ce n'est qu'en U.R.S.S. que la science est réellement indépendante. C'est seulement dans ce pays qu'elle n'est pas exploitée dans l'intérêt d'un petit groupe aux fins d'extermination des masses, aux fins de guerre. L'U.R.S.S. est le seul pays où la science soit au service des intérêts de la vraie civilisation et de la vraie culture, c'est-à-dire au service des intérêts des plus larges masses éveillées à la vie politique et intellectuelle. Si, par « démocratie », on entend la participation des plus larges masses à la direction journalière du pays, une telle démocratie n'existe que dans l'Union soviétique. Aux peuples opprimés des colonies, aux nations balkanisées par les traités conclus après la guerre mondiale, à toutes les minorités nationales, l'Union soviétique montre l'exemple de plusieurs nationalités d'un degré de culture différent, fédérées dans une seule Union étatique, sur la base de l'égalité politique et économique réelle.

En présence de tels progrès, les délégués participant au congrès adressent leur salut chaleureux à tous les travailleurs de l'U.R.S.S. Ils s'engagent à agir par tous les moyens, dans leurs pays respectifs, pour préparer et organiser la défense de la première République ouvrière et paysanne, à lutter contre la guerre menaçant l'U.R.S.S. de la part du monde capitaliste, à dénoncer les intrigues de la diplomatie internationale qui prépare cette guerre, à intervenir partout contre la rupture des relations diplomatiques avec l'U.R.S.S., à s'efforcer d'obtenir la reconnaissance de l'U.R.S.S. par leur gouvernement, à soutenir partout l'initiative de l'U.R.S.S. dans le domaine du désarmement (tout en se rendant bien compte que les incendiaires impérialistes feront tout pour s'opposer au désarmement), à collaborer activement à l'action du prolétariat contre la guerre impérialiste, à défendre la cause des peuples coloniaux opprimés contre leurs oppresseurs et, en premier lieu, le mouvement révolutionnaire des masses laborieuses de Chine, à agir nationalement et internationalement pour réaliser l'unité du mouvement syndical sur la base de la lutte de classe.

Vive l'U.R.S.S. !

A bas les guerres impérialistes !

Vive la solidarité agissante de tous les exploités et opprimés dans la lutte contre le capital !

TABLE DES MATIÈRES

Extrait du Catalogue

ANTOCHKINE (N.) ..	L'organisation et la situation des employés en Russie	1 »
BOUKHARINE (N.) ..	La situation intérieure et extérieure de l'U.R.S.S.	1 50
BYKOVSKY (N.)	Les assurances sociales	1 25
CHAUVEL, GUERBOIS, LE BIGOT	Ce que nous avons vu en Russie	2 »
CODES DE LA RUSSIE SOVIÉTIQUE	I - Code de la famille, code civil	22 50
	II - Code du travail, code agraire forestier, minier, du change, etc.	30 »
KALININE (M. I.) ..	Que fait le pouvoir soviétique pour réaliser la démocratie ?	1 »
KAPLOUN (S.)	La protection du travail	1 50
LÉNINE (N.)	Le problème du pouvoir des Soviets	1 »
LIBAERS............	Quinze jours en Russie soviétique	0 75
SARABIANOV (V.) ...	Après dix ans	10 »
— ...	Pourquoi la N.E.P.	1 50
Rapport des Trades-Unions		9 »
La République du travail (60 vues de la Russie soviétique		4 »
I. Constitution de la République soviétiste. — II. Organisation de la Justice		1 50

Imprimerie Centrale  5, rue Erard, Paris-12^e

www.ingramcontent.com/pod-product-compliance
Ingram Content Group UK Ltd.
Pitfield, Milton Keynes, MK11 3LW, UK
UKHW022101170726
13837UKWH00003B/1043